MY FEELINGS
& EMOTIONS JOURNAL

_____
_____
_____

Copyright © 2020 Cherry & Pickle Publishing

THOUGHTS, FEELINGS, WORRIES? SHARE HERE!

_____
_____
_____
_____
_____
_____
_____
_____

I score Today....

/10

Great Things

3 GREAT THINGS ABOUT TODAY:

1) _____

2) _____

3) _____

GOALS FOR TOMORROW

1) _____

2) _____

3) _____

4) _____

THOUGHTS, FEELINGS, WORRIES? SHARE HERE!

_____

_____

_____

_____

_____

_____

_____

I score Today....

10

Great Things

GOALS FOR TOMORROW

3 GREAT THINGS ABOUT TODAY:

1) _____

2) _____

3) _____

1) _____

2) _____

3) _____

4) _____

THOUGHTS, FEELINGS, WORRIES? SHARE HERE!

_____

_____

_____

_____

_____

_____

_____

I score Today....

$\overline{10}$

Great Things

3 GREAT THINGS ABOUT TODAY:

1) _____

2) _____

3) _____

GOALS FOR TOMORROW

1) _____

2) _____

3) _____

4) _____

THOUGHTS, FEELINGS, WORRIES? SHARE HERE!

_____

_____

_____

_____

_____

_____

_____

Great Things

3 GREAT THINGS ABOUT TODAY:

1) _____

2) _____

3) _____

I score Today....

10

GOALS FOR TOMORROW

1) _____

2) _____

3) _____

4) _____

THOUGHTS, FEELINGS, WORRIES? SHARE HERE!

_____
_____
_____
_____
_____
_____
_____

I score Today....

10

Great Things

GOALS FOR TOMORROW

3 GREAT THINGS ABOUT TODAY:

1) _____

2) _____

3) _____

1) _____

2) _____

3) _____

4) _____

DATE TODAY:................ M T W T F S S

KEY EMOTIONS I'VE HAD TODAY:

1) ....
2) ....
3) ....

MOSTLY - I FEEL: ◯   DRAW YOUR EMOTION!

DOODLE/ STICK/ DRAW ABOUT HOW YOU FEEL:

THOUGHTS, FEELINGS, WORRIES? SHARE HERE!

_____
_____
_____
_____
_____
_____
_____

I score Today....

10

Great Things

GOALS FOR TOMORROW

3 GREAT THINGS ABOUT TODAY:

1) _____

2) _____

3) _____

1) _____

2) _____

3) _____

4) _____

DATE TODAY:.................. M T W T F S S

KEY EMOTIONS I'VE HAD TODAY:

1)..

2)..

3)..

MOSTLY - I FEEL: ⬭   DRAW YOUR EMOTION!

DOODLE/ STICK/ DRAW ABOUT HOW YOU FEEL:

THOUGHTS, FEELINGS, WORRIES? SHARE HERE!

_____
_____
_____
_____
_____
_____

Great Things

3 GREAT THINGS ABOUT TODAY:

1) _____

2) _____

3) _____

I score Today....

10

GOALS FOR TOMORROW

1) _____

2) _____

3) _____

4) _____

THOUGHTS, FEELINGS, WORRIES? SHARE HERE!

_____
_____
_____
_____
_____
_____
_____

I score Today....

$\overline{10}$

Great Things

3 GREAT THINGS ABOUT TODAY:

1) _____

2) _____

3) _____

GOALS FOR TOMORROW

1) _____

2) _____

3) _____

4) _____

THOUGHTS, FEELINGS, WORRIES? SHARE HERE!

_____
_____
_____
_____
_____
_____
_____

I score Today....

10

Great Things

3 GREAT THINGS ABOUT TODAY:

1) _____

2) _____

3) _____

GOALS FOR TOMORROW

1) _____

2) _____

3) _____

4) _____

THOUGHTS, FEELINGS, WORRIES? SHARE HERE!

_____

_____

_____

_____

_____

_____

_____

I score Today....

10

GOALS FOR TOMORROW

1) _____

2) _____

3) _____

4) _____

Great Things

3 GREAT THINGS ABOUT TODAY:

1) _____

2) _____

3) _____

THOUGHTS, FEELINGS, WORRIES? SHARE HERE!

_____

_____

_____

_____

_____

_____

_____

I score Today....

10

Great Things

GOALS FOR TOMORROW

3 GREAT THINGS ABOUT TODAY:

1) _____

2) _____

3) _____

1) _____

2) _____

3) _____

4) _____

DATE TODAY:................ M T W T F S S

KEY EMOTIONS I'VE HAD TODAY:

1) ....
2) ....
3) ....

MOSTLY - I FEEL: ( )   DRAW YOUR EMOTION!

DOODLE/ STICK/ DRAW ABOUT HOW YOU FEEL:

THOUGHTS, FEELINGS, WORRIES? SHARE HERE!

_____
_____
_____
_____
_____
_____
_____

I score Today....

10

Great Things

3 GREAT THINGS ABOUT TODAY:

1) _____

2) _____

3) _____

GOALS FOR TOMORROW

1) _____

2) _____

3) _____

4) _____

THOUGHTS, FEELINGS, WORRIES? SHARE HERE!

_____

_____

_____

_____

_____

_____

_____

I score Today....

$\overline{10}$

Great Things

3 GREAT THINGS ABOUT TODAY:

1) _____

2) _____

3) _____

GOALS FOR TOMORROW

1) _____

2) _____

3) _____

4) _____

THOUGHTS, FEELINGS, WORRIES? SHARE HERE!

_____

_____

_____

_____

_____

_____

I score Today....

10

Great Things

3 GREAT THINGS ABOUT TODAY:

1) _____

2) _____

3) _____

GOALS FOR TOMORROW

1) _____

2) _____

3) _____

4) _____

THOUGHTS, FEELINGS, WORRIES? SHARE HERE!

_____

_____

_____

_____

_____

_____

_____

Great Things

I score Today....

(10)

3 GREAT THINGS ABOUT TODAY:

1) _____

2) _____

3) _____

GOALS FOR TOMORROW

1) _____

2) _____

3) _____

4) _____

DATE TODAY:................. M T W T F S S

KEY EMOTIONS I'VE HAD TODAY:

1) ....

2) ....

3) ....

MOSTLY - I FEEL: ◯   DRAW YOUR EMOTION!

DOODLE/ STICK/ DRAW ABOUT HOW YOU FEEL:

THOUGHTS, FEELINGS, WORRIES? SHARE HERE!

Great Things

3 GREAT THINGS ABOUT TODAY:

1) _____

2) _____

3) _____

I score Today....

(10)

GOALS FOR TOMORROW

1) _____

2) _____

3) _____

4) _____

THOUGHTS, FEELINGS, WORRIES? SHARE HERE!

_____

_____

_____

_____

_____

_____

_____

I score Today....

10

Great Things

GOALS FOR TOMORROW

3 GREAT THINGS ABOUT TODAY:

1) _____

2) _____

3) _____

1) _____

2) _____

3) _____

4) _____

THOUGHTS, FEELINGS, WORRIES? SHARE HERE!

_____

_____

_____

_____

_____

_____

_____

I score Today....

10

Great Things

GOALS FOR TOMORROW

3 GREAT THINGS ABOUT TODAY:

1) _____

2) _____

3) _____

1) _____

2) _____

3) _____

4) _____

DATE TODAY:................ M T W T F S S

KEY EMOTIONS I'VE HAD TODAY:

1) ....
2) ....
3) ....

MOSTLY - I FEEL: ◯   DRAW YOUR EMOTION!

DOODLE/ STICK/ DRAW ABOUT HOW YOU FEEL:

THOUGHTS, FEELINGS, WORRIES? SHARE HERE!

_____

_____

_____

_____

_____

_____

I score Today....

10

Great Things

GOALS FOR TOMORROW

3 GREAT THINGS ABOUT TODAY:

1) _____

2) _____

3) _____

1) _____

2) _____

3) _____

4) _____

THOUGHTS, FEELINGS, WORRIES? SHARE HERE!

_____

_____

_____

_____

_____

_____

Great Things

3 GREAT THINGS ABOUT TODAY:

1) _____

2) _____

3) _____

I score Today....

10

GOALS FOR TOMORROW

1) _____

2) _____

3) _____

4) _____

THOUGHTS, FEELINGS, WORRIES? SHARE HERE!

_____

_____

_____

_____

_____

_____

_____

I score Today....

10

Great Things

GOALS FOR TOMORROW

3 GREAT THINGS ABOUT TODAY:

1) _____

1) _____

2) _____

2) _____

3) _____

3) _____

4) _____

THOUGHTS, FEELINGS, WORRIES? SHARE HERE!

_____
_____
_____
_____
_____
_____
_____

I score Today....

$\overline{10}$

Great Things

3 GREAT THINGS ABOUT TODAY:

1) _____

2) _____

3) _____

GOALS FOR TOMORROW

1) _____

2) _____

3) _____

4) _____

THOUGHTS, FEELINGS, WORRIES? SHARE HERE!

_____

_____

_____

_____

_____

_____

_____

I score Today....

10

Great Things

3 GREAT THINGS ABOUT TODAY:

1) _____

2) _____

3) _____

GOALS FOR TOMORROW

1) _____

2) _____

3) _____

4) _____

THOUGHTS, FEELINGS, WORRIES? SHARE HERE!

I score Today....

10

Great Things

3 GREAT THINGS ABOUT TODAY:

1) _____

2) _____

3) _____

GOALS FOR TOMORROW

1) _____

2) _____

3) _____

4) _____

DATE TODAY:................. M T W T F S S

KEY EMOTIONS I'VE HAD TODAY:

1) ....
2) ....
3) ....

MOSTLY - I FEEL: ◯   DRAW YOUR EMOTION!

DOODLE/ STICK/ DRAW ABOUT HOW YOU FEEL:

THOUGHTS, FEELINGS, WORRIES? SHARE HERE!

_____

_____

_____

_____

_____

_____

_____

I score Today....

10

Great Things

GOALS FOR TOMORROW

3 GREAT THINGS ABOUT TODAY:

1) _____

2) _____

3) _____

1) _____

2) _____

3) _____

4) _____

THOUGHTS, FEELINGS, WORRIES? SHARE HERE!

I score Today....

10

Great Things

3 GREAT THINGS ABOUT TODAY:

1) _____

2) _____

3) _____

GOALS FOR TOMORROW

1) _____

2) _____

3) _____

4) _____

THOUGHTS, FEELINGS, WORRIES? SHARE HERE!

_____
_____
_____
_____
_____
_____

I score Today....

10

Great Things

3 GREAT THINGS ABOUT TODAY:

1) _____

2) _____

3) _____

GOALS FOR TOMORROW

1) _____

2) _____

3) _____

4) _____

THOUGHTS, FEELINGS, WORRIES? SHARE HERE!

_____

_____

_____

_____

_____

_____

_____

I score Today....

10

Great Things

GOALS FOR TOMORROW

3 GREAT THINGS ABOUT TODAY:

1) _____

2) _____

3) _____

1) _____

2) _____

3) _____

4) _____

DATE TODAY:................ M T W T F S S

KEY EMOTIONS I'VE HAD TODAY:

1)..

2)..

3)..

MOSTLY - I FEEL: ( )   DRAW YOUR EMOTION!

DOODLE/ STICK/ DRAW ABOUT HOW YOU FEEL:

THOUGHTS, FEELINGS, WORRIES? SHARE HERE!

_____

_____

_____

_____

_____

_____

_____

_____

I score Today....

10

Great Things

3 GREAT THINGS ABOUT TODAY:

1) _____

2) _____

3) _____

GOALS FOR TOMORROW

1) _____

2) _____

3) _____

4) _____

DATE TODAY:................. M T W T F S S

KEY EMOTIONS I'VE HAD TODAY:

1) ....
2) ....
3) ....

MOSTLY - I FEEL: ◯   DRAW YOUR EMOTION!

DOODLE/ STICK/ DRAW ABOUT HOW YOU FEEL:

THOUGHTS, FEELINGS, WORRIES? SHARE HERE!

_____
_____
_____
_____
_____
_____
_____
_____

I score Today....

10

Great Things

GOALS FOR TOMORROW

3 GREAT THINGS ABOUT TODAY:

1) _____

2) _____

3) _____

1) _____

2) _____

3) _____

4) _____

DATE TODAY:................. M T W T F S S

KEY EMOTIONS I'VE HAD TODAY:

1) ....
2) ....
3) ....

MOSTLY - I FEEL: ◯   DRAW YOUR EMOTION!

DOODLE/ STICK/ DRAW ABOUT HOW YOU FEEL:

THOUGHTS, FEELINGS, WORRIES? SHARE HERE!

_____

_____

_____

_____

_____

_____

_____

I score Today....

10

Great Things

GOALS FOR TOMORROW

3 GREAT THINGS ABOUT TODAY:

1) _____

2) _____

3) _____

1) _____

2) _____

3) _____

4) _____

THOUGHTS, FEELINGS, WORRIES? SHARE HERE!

_____
_____
_____
_____
_____
_____
_____

I score Today....

10

Great Things

3 GREAT THINGS ABOUT TODAY:

1) _____

2) _____

3) _____

GOALS FOR TOMORROW

1) _____

2) _____

3) _____

4) _____

DATE TODAY:................. M T W T F S S

KEY EMOTIONS I'VE HAD TODAY:

1) ....
2) ....
3) ....

MOSTLY - I FEEL: ◯   DRAW YOUR EMOTION!

DOODLE/ STICK/ DRAW ABOUT HOW YOU FEEL:

THOUGHTS, FEELINGS, WORRIES? SHARE HERE!

I score Today....

$\overline{10}$

Great Things

3 GREAT THINGS ABOUT TODAY:

1) _____

2) _____

3) _____

GOALS FOR TOMORROW

1) _____

2) _____

3) _____

4) _____

THOUGHTS, FEELINGS, WORRIES? SHARE HERE!

_____

_____

_____

_____

_____

_____

_____

I score Today....

$\overline{10}$

Great Things

3 GREAT THINGS ABOUT TODAY:

1) _____

2) _____

3) _____

GOALS FOR TOMORROW

1) _____

2) _____

3) _____

4) _____

THOUGHTS, FEELINGS, WORRIES? SHARE HERE!

_____

_____

_____

_____

_____

_____

_____

_____

I score Today....

$\overline{10}$

Great Things

3 GREAT THINGS ABOUT TODAY:

1) _____

2) _____

3) _____

GOALS FOR TOMORROW

1) _____

2) _____

3) _____

4) _____

THOUGHTS, FEELINGS, WORRIES? SHARE HERE!

_____

_____

_____

_____

_____

_____

_____

I score Today....

10

Great Things

3 GREAT THINGS ABOUT TODAY:

1) _____

2) _____

3) _____

GOALS FOR TOMORROW

1) _____

2) _____

3) _____

4) _____

THOUGHTS, FEELINGS, WORRIES? SHARE HERE!

_____

_____

_____

_____

_____

_____

_____

I score Today....

10

Great Things

GOALS FOR TOMORROW

3 GREAT THINGS ABOUT TODAY:

1) _____

2) _____

3) _____

1) _____

2) _____

3) _____

4) _____

THOUGHTS, FEELINGS, WORRIES? SHARE HERE!

_____

_____

_____

_____

_____

_____

_____

I score Today....

10

Great Things

GOALS FOR TOMORROW

3 GREAT THINGS ABOUT TODAY:

1) _____

2) _____

3) _____

1) _____

2) _____

3) _____

4) _____

DATE TODAY:................ M T W T F S S

KEY EMOTIONS I'VE HAD TODAY:

1)..

2)..

3)..

MOSTLY - I FEEL: ◯   DRAW YOUR EMOTION!

DOODLE/ STICK/ DRAW ABOUT HOW YOU FEEL:

THOUGHTS, FEELINGS, WORRIES? SHARE HERE!

_____

_____

_____

_____

_____

_____

_____

I score Today....

10

Great Things

3 GREAT THINGS ABOUT TODAY:

1) _____

2) _____

3) _____

GOALS FOR TOMORROW

1) _____

2) _____

3) _____

4) _____

DATE TODAY:................. M T W T F S S

KEY EMOTIONS I'VE HAD TODAY:

1)..
2)..
3)..

MOSTLY - I FEEL: ⬤   DRAW YOUR EMOTION!

DOODLE/ STICK/ DRAW ABOUT HOW YOU FEEL:

THOUGHTS, FEELINGS, WORRIES? SHARE HERE!

I score Today....

10

Great Things

3 GREAT THINGS ABOUT TODAY:

1) _____

2) _____

3) _____

GOALS FOR TOMORROW

1) _____

2) _____

3) _____

4) _____

THOUGHTS, FEELINGS, WORRIES? SHARE HERE!

_____
_____
_____
_____
_____
_____
_____

I score Today....

10

Great Things

3 GREAT THINGS ABOUT TODAY:

1) _____

2) _____

3) _____

GOALS FOR TOMORROW

1) _____

2) _____

3) _____

4) _____

THOUGHTS, FEELINGS, WORRIES? SHARE HERE!

_____
_____
_____
_____
_____
_____
_____

I score Today....

$\overline{10}$

Great Things

3 GREAT THINGS ABOUT TODAY:

1) _____

2) _____

3) _____

GOALS FOR TOMORROW

1) _____

2) _____

3) _____

4) _____

THOUGHTS, FEELINGS, WORRIES? SHARE HERE!

_____

_____

_____

_____

_____

_____

_____

I score Today....

10

Great Things

GOALS FOR TOMORROW

3 GREAT THINGS ABOUT TODAY:

1) _____

2) _____

3) _____

1) _____

2) _____

3) _____

4) _____

THOUGHTS, FEELINGS, WORRIES? SHARE HERE!

I score Today....

(10)

Great Things

3 GREAT THINGS ABOUT TODAY:

1) _____

2) _____

3) _____

GOALS FOR TOMORROW

1) _____

2) _____

3) _____

4) _____

THOUGHTS, FEELINGS, WORRIES? SHARE HERE!

_____
_____
_____
_____
_____
_____
_____

I score Today....

$$\frac{\quad}{10}$$

Great Things

3 GREAT THINGS ABOUT TODAY:

1) _____

2) _____

3) _____

GOALS FOR TOMORROW

1) _____

2) _____

3) _____

4) _____

THOUGHTS, FEELINGS, WORRIES? SHARE HERE!

_____
_____
_____
_____
_____
_____
_____

_____

I score Today....

(10)

Great Things

GOALS FOR TOMORROW

3 GREAT THINGS ABOUT TODAY:

1) _____

2) _____

3) _____

1) _____

2) _____

3) _____

4) _____

THOUGHTS, FEELINGS, WORRIES? SHARE HERE!

_____

_____

_____

_____

_____

_____

I score Today....

10

Great Things

GOALS FOR TOMORROW

3 GREAT THINGS ABOUT TODAY:

1) _____

2) _____

3) _____

1) _____

2) _____

3) _____

4) _____

THOUGHTS, FEELINGS, WORRIES? SHARE HERE!

_____
_____
_____
_____
_____
_____
_____

I score Today....

(10)

Great Things

GOALS FOR TOMORROW

3 GREAT THINGS ABOUT TODAY:

1) _____

2) _____

3) _____

1) _____

2) _____

3) _____

4) _____

THOUGHTS, FEELINGS, WORRIES? SHARE HERE!

_____

_____

_____

_____

_____

_____

_____

I score Today....

10

Great Things

GOALS FOR TOMORROW

3 GREAT THINGS ABOUT TODAY:

1) _____

2) _____

3) _____

1) _____

2) _____

3) _____

4) _____

THOUGHTS, FEELINGS, WORRIES? SHARE HERE!

_____

_____

_____

_____

_____

_____

_____

I score Today....

$$\overline{10}$$

Great Things

3 GREAT THINGS ABOUT TODAY:

1) _____

2) _____

3) _____

GOALS FOR TOMORROW

1) _____

2) _____

3) _____

4) _____

THOUGHTS, FEELINGS, WORRIES? SHARE HERE!

_____

_____

_____

_____

_____

_____

_____

I score Today....

10

Great Things

3 GREAT THINGS ABOUT TODAY:

1) _____

2) _____

3) _____

GOALS FOR TOMORROW

1) _____

2) _____

3) _____

4) _____

THOUGHTS, FEELINGS, WORRIES? SHARE HERE!

_____
_____
_____
_____
_____
_____
_____

I score Today....

10

Great Things

3 GREAT THINGS ABOUT TODAY:

1) _____

2) _____

3) _____

GOALS FOR TOMORROW

1) _____

2) _____

3) _____

4) _____

THOUGHTS, FEELINGS, WORRIES? SHARE HERE!

_____

_____

_____

_____

_____

_____

I score Today....

$\overline{10}$

Great Things

GOALS FOR TOMORROW

3 GREAT THINGS ABOUT TODAY:

1) _____

1) _____

2) _____

2) _____

3) _____

3) _____

4) _____

Printed in Great Britain
by Amazon